Dirección editorial:
Departamento de Literatura GE

Dirección de arte:
Departamento de Diseño GE

Diseño de la colección:
Manuel Estrada

El 0,7% de la venta de este libro se destina al Proyecto «Mejora de la Calidad y oferta educativa del ciclo diversificado del Instituto Tecnológico Quiché de Chichicastenango (Guatemala)», que gestiona la ONG Solidaridad, Educación, Desarrollo (SED).

1ª edición, 13ª impresión: noviembre 2015

Impresión:
Edelvives Talleres Gráficos. Certificado ISO 9001
Impreso en Zaragoza, España

ISBN: 978-84-263-5548-5
Depósito legal: Z 964-2011

FICHA PARA BIBLIOTECAS

RAYÓ, Miquel (1952–)
El cementerio del capitán Nemo / Miquel Rayó ; ilustraciones, Pablo Auladell ; traducción, Angelina Gatell. – 1ª ed., 13ª reimp. – [Zaragoza] : Edelvives, 2015
126 p. : il. ; 20 cm. – (Ala Delta. Serie verde ; 42)
«XV Premio Ala Delta»-cub.
ISBN 978-84-263-5548-5
1. Relación abuelo-nietos. 2. Vacaciones. 3. Recuerdos. 4. Naturaleza. 5. Mares y océanos. I. Auladell, Pablo (1972–), il. II. Título. III. Serie.
087.5:821.134.1-3"19"

EDELVIVES

ALA DELTA

El cementerio del capitán Nemo

Miquel Rayó

Ilustraciones
Pablo Auladell

Traducción
Angelina Gatell

Novela ganadora del

XV Premio Ala Delta de Literatura Infantil

El jurado se reunió el 7 de septiembre de 2004.
Estaba compuesto por Rafael Calatayud Cano,
Carmen Blázquez, Marina Navarro, Ana Mª Navarrete
y Mª José Gómez-Navarro.

Estos días azules y este sol de la infancia
Antonio Machado

Jo duia dins la boca mil estrelles de mar
Antoni Vidal Ferrando

1

El sendero bordeaba la costa.

El fondo de la mar era oscuro, de viejo roquedal derruido, moteado de algas. De vez en cuando, brillaban entre ellas los lomos de un grupito de peces y los centelleos del sol.

Tú mirabas fascinado a los peces. Después, nervioso, fijabas tus ojos en el viejo abuelo.

—¿Ya llegamos? —le preguntabas.

—Aún no, Miguel —te contestaba él.

Y te decía —¿recuerdas su voz?— que los caminos no se recorren sin dar pasos y que dar pasos cansa y que es preciso que también el tiempo dé los suyos. En vano resoplabas de impaciencia.

—¿Tienes calor? —preguntaba el abuelo.

Y añadía, acaso sólo para distraerte del cansancio, del calor o de tu inquietud:

—Cuando lleguemos, nadarás. Ahora abre bien los ojos, a ver si encontramos algún fósil.

¡Cómo te gustaba buscar fósiles!

—¡Mira, abuelo! —gritabas emocionado cuando veías alguno incrustado en una roca.

Él se acercaba, se pasaba la mano por la frente para secarse las gotas de sudor; limpiaba despaciosamente los cristales de las gafas con el faldón de su camisa; después, sacaba sin prisas el pequeño martillo de geólogo que asomaba siempre por el bolsillo de su pantalón.

—¿Seguro que es un fósil? —preguntaba para intrigarte un poco y entornaba los ojos para mirar más intensamente la piedra que tú le señalabas.

Después, daba unos golpecitos enérgicos sobre la roca con el martillo, hasta conseguir

que el fósil se desprendiera de ella sin romperse. Lo recogía, lo contemplaba largamente, estudiaba su volumen, su forma, las características que a simple vista se advertían y sentenciaba invariablemente:

—Buena pieza, Miguel. Al zurrón. Acabaremos haciendo de ti un buen geólogo.

Tú suspirabas profundamente y tus ojos chispeaban. Seguro que pensabas que, al presentar en el aula aquellos fósiles rescatados cerca del mar, tu maestro te pondría, al fin, una buena nota.

—A ver, usted, muéstrenos su colección fosilífera —te ordenaría de pie junto a la pizarra, balanceándose sobre sus talones.

Tú sacarías, delante de todos tus compañeros de clase, uno por uno, los fósiles guardados en una caja verde con tapa corredera de cristal y, entusiasmado y pedante, repetirías como un lorito lo que el abuelo te había explicado:

—Algunos afloramientos de areniscas tirrenas contienen abundantes asociaciones de moluscos, bivalvos o caracolas, cuyo rico conjunto indica a la ciencia la exacta población de animales marinos que, en aquellas edades antiguas, había en las zonas litorales...

Creías ingenuamente que al final de tu discurso el maestro te concedería la gran nota, solemne como un cura que repartiera bendiciones desde el púlpito.

—Ciencias Naturales: matrícula de honor, señor mío.

Pero, ¡ay!

—Ciencias Naturales: un tres, señor mío. Olvide sus bivalvos petrificados y esmérese más en las declinaciones. Por ahí tal vez...

2

Es posible que no te explicaras en la escuela tal y como el abuelo te aleccionaba.

—¿Un tres? —murmuraba éste mientras tus orejas se encendían de vergüenza—. ¿Es que no estudias, cabeza de chorlito?

Te lo decía cada verano, cuando llegabas de la ciudad.

Os sentabais los dos en aquella cocina, que recuerdas fresca y húmeda, siempre sumida en una semioscuridad. Sobre el hule floreado que cubría la mesa, el abuelo colocaba una fuente de loza con un trozo de queso, higos secos y unos cortes de sobrasada. Cortaba unas rebanadas de pan y las untaba con aceite. Aquella merienda de bienvenida te parecía la más apetitosa del mundo.

—¡Mmm! —exclamabas glotón.

Hablabais un rato y al confesarle que habías suspendido como siempre las Ciencias Naturales, el abuelo golpeaba la mesa con la palma de la mano, fingiendo enfado. Tú bajabas los ojos, turbado.

—¿Un tres? ¡Maldita sea! ¡Cabeza de melón!

El abuelo lo había acordado con tus padres: pasarías las vacaciones en el pueblo. No cabíais en el pequeño piso de la ciudad. Además, tú eras como un torbellino. Sacabas a tu madre de sus casillas:

—¡Miguel, quieto!

—Miguel, ¿qué haces?

—¡Miguel, escampa!

Revolvías, metías las narices en todas partes, no parabas un momento...

Los tazones se te caían con frecuencia de las manos; en tu frente había una herida perenne, porque te golpeabas constantemente con los cantos de las puertas. En una nalga tienes aún una cicatriz de cuando, siendo muy pequeño, rompiste el orinal de loza en el que estabas sentado, con los calzones caídos...

—¿Qué has hecho ahora? —se asustó tu madre al ver que la sangre te resbalaba muslo abajo.

Fue el abuelo quien propuso:

—Que venga a casa en verano. Allí hay mucho sitio ahora.

Tu madre pensaba que tú no querrías pasar tanto tiempo solo con el abuelo en el pueblo, un hombre viejo, con sus propias ideas, tan distintas de las infantiles. Tu padre te preguntó si querías ir. Hacía poco que había muerto la abuela y no le gustaba que su padre, viudo, permaneciera todo el año solo. El abuelo era testarudo y no quería vivir en la ciudad.

—Me ahogo allí —argumentaba.

Tú no lo dudaste ni un momento. El abuelo comprendió enseguida tus ansias de corretear, de gastar energías, de moverte en libertad. Por eso, apenas llegaste, te encargó tareas, una detrás de otra; tareas que compartíais: barríais, quitabais las telarañas de los rincones, guardabais trastos en el desván...

Durante seis veranos.

Y, siempre, apenas empezaba a anochecer, te preparaba un buen plato de sopa de pan con verduras. Tú ya te habías lavado con el agua de un gran barreño, porque volvías a casa cansado y sucio de tus correrías por el pueblo.

—Anda —te decía al llegar—. Lávate y cenaremos.

Aún hoy te parece sentir el frescor del agua de la cisterna, sacada a cubos; el olor penetrante del aceite de linaza con que dabais brillo a los muebles de la casa; el cosquilleo que sentías en la nariz a causa del polvo que levantabais en el desván, el sabor de aquella sopa de pan cocido...

Todos los años, al llegar la primera noche de tu estancia en el pueblo, cuando ya te disponías a ir a tu alcoba, el abuelo te decía:

—Cómo has crecido...

Y recuerdas que, en la primera noche del primer verano, te preguntó:

—¿Cuántos años tienes?

—Siete.

—Me acuerdo de cuando sólo eras un recién nacido llorón. Parece que fue ayer.

Y tú adivinabas en su voz ronca un temblor conmovido que entonces no entendías. Besabas su mejilla. La barba crecida te pinchaba. Su mano se detenía un momento sobre tu cabeza:

—Si la abuela pudiera verte, no te reconocería...

3

Por las mañanas, salías muy temprano a la calle para contemplar los nidos de los aviones que, a lo largo de las fachadas de las casas, colgaban como racimos desordenados.

—Este año han venido muchos —te decía invariablemente el abuelo.

Los aviones blanquinegros, aguzados, volanderos...

Te sentabas en el escalón del portal de la casa del abuelo durante horas contemplando sus nidos. Casi saltabas de gozo al ver a los polluelos que se asomaban vivarachos, por el borde de las cazuelitas de barro. A veces, un cernícalo perseguía el vuelo de los aviones adultos y, si conseguía cazar alguno, casi llorabas.

—Ley de vida —te consolaba el abuelo cuando se lo contabas—. No lo hace por maldad.

Tú sabías que los cernícalos anidaban en el campanario de la iglesia. De allí llegaba siempre el plañido de sus polluelos, ansioso y chillón.

—Si no se comieran a los aviones —continuaba el abuelo—, los cernícalos no podrían vivir ni alimentar a sus crías.

¡Amabas tanto a los pájaros! Sentías lástima cuando los veías presos en jaulas. Eras capaz de cualquier cosa. Un día soltaste a todo el averío que un mercader había llevado a la plaza para venderlo en el mercado semanal. En la gran caja de una camioneta desvencijada transportaba jaulas de palomas, tórtolas, gallinas, pollitos, patos, pintadas y también conejos.

Vigilaste la camioneta durante un buen rato, hasta que viste que el hombre entraba en el café.

Seguro que algunos viejos del pueblo todavía lo recuerdan, porque incluso se hicieron coplas sobre aquel hecho. Por todas partes había palomas, codornices, tórtolas, gallinas y pintadas. Tuvieron que rescatarlas por el mercado, las calles, los tejados, en el interior de las casas...

Un gallo se hizo fuerte dentro de la parroquia y cacareó durante horas desde el brazo de un candelabro, sobre el altar mayor...

Los conejos entraron en manada en el café y el amo de los animales, al verlos, empezó a blasfemar y casi le dio una taquicardia entre las risas de los demás parroquianos.

—¡Dios mío! ¡Dios mío! ¡Dios mío...!

Mientras cenabais, el abuelo te lo contó. Tú no te atrevías ni a levantar los ojos del plato.

—El que lo haya hecho, va listo. La Guardia Civil no tardará en descubrirlo.

Te pasaste la noche temblando de miedo. La tarde anterior, el abuelo había propuesto ir al día siguiente a pasear por la senda costera.

—A ver qué encontramos por allí.

Fue vuestra primera caminata hasta la caleta.

—A ver si te desfogas de una vez —te soltó empujándote fuera de casa apenas empezó a amanecer—. ¿Llevas el bañador?

Madrugasteis mucho.

El alba era ya calurosa.

—¿Y las cañas de pescar?

El sol apenas si se insinuaba.

El abuelo hizo girar la llave dentro de la cerradura de la puerta de vuestra casa.

Cuando se volvió para hacerlo, no pudiste ver la gran sonrisa maliciosa que no conseguía retener.

4

Sin embargo, la Guardia Civil no encontró nunca al autor de aquella enorme travesura. Todavía recuerdas el aspecto del cabo de la comandancia del pueblo, rebolludo, con un gran bigote negro.

Fumaba unos cigarrillos que él mismo confeccionaba con unos papeles finísimos, de color calabaza. Los llenaba con tabaco de picadura y, en menos que canta un gallo, se llevaba a los labios un canutillo gordezuelo, relleno, irregular, que inmediatamente encendía.

El cabo sonreía poco. Hablaba con frases breves, desconfiadas, cortantes. Tenía, ahora lo sabes, la apariencia de la severidad. A veces lo encontrabais por el sendero, siempre en compañía de algún agente. Vigilaban la costa, porque los contrabandistas introducían clandestinamente por aquellos contornos sacas de tabaco, aparatos de radio, medias de seda, neumáticos, medicamentos nuevos y escasos...

—¡Si no los puedo obtener por las buenas —recuerdas que de vez en cuando le comentaba al abuelo don Bernardo, el boticario, en voz baja y con gesto de resignación— de alguna parte los tengo que sacar!

Tú no comprendías el sentido de aquellas palabras siempre sigilosas.

—¿De dónde los saca? —preguntabas al salir de la botica.

Y cuando el abuelo te decía «De Argel», imaginabas enseguida un lugar moruno, muy lejano, con huertos de palmeras y norias con canjilones, rebaños de camellos y hombres vestidos con chilabas.

—¿Y cómo los traen desde Argel? —querías saber.

—Por mar. En unas barcas que llegan de noche, pintadas de oscuro, a las calas...

Pero el abuelo no te contó nunca demasiadas cosas sobre aquel comercio oculto, y tú intuías que no convenía hacer demasiados comentarios sobre él. Había, por aquellos años, un gran imperativo de silencio puesto encima de los hombres, como una niebla gris, como un velo de desconfianza.

Cuando os cruzabais con los guardias civiles, os saludaban llevándose la mano al tricornio, marcialmente.

—A sus órdenes —decían.

Sudaban dentro del uniforme verde oscuro y con las cabezas cubiertas por aquellos gorros angulosos y estrafalarios, negros y brillantes como escarabajos. A veces se detenían para charlar brevemente con el abuelo y aprovechaban para liar un cigarrillo y fumárselo pausadamente bajo el sol...

Cuando al fin se alejaban, oías el sonido de las hebillas de los correajes, de las cartucheras y del roce de los fusiles colgados en sus hombros. Solías mirarlos un buen rato y la primera vez preguntaste, impresionado por los cañones negros, por las culatas de madera engrasada, por los cerrojos brillantes de las armas:

—¿Por qué llevan escopeta? ¿Qué cazan?

—¡Ja, ja, ja! —rió el abuelo—. ¡Escopetas dices! ¡No son para cazar liebres ni perdices estas escopetas, zoquete!

—¿Para qué sirven entonces?

El abuelo dejó de reír.

—Para dar miedo. Para eso.

Y, en efecto, a ti te lo daban.

—Si la Guardia Civil descubre al culpable —había dicho el abuelo, disimulando una sonrisa, mientras cenabais aquella noche en que, por tu causa, un gallo cacareaba ahuecando sus plumas en lo alto de un candelabro de la iglesia— no cantarán gallos ni gallinas...

5

—Cuando relampaguea, lampuga —solía decir el abuelo. Tú no lo entendías.

Pero sabías que, cuando decía aquello, llegaban a la mar, no se sabía de dónde, grandes bancos de unos peces muy gustosos, que él cocinaba en una cazuela de barro con pimientos rojos puestos encima, asados y aceitosos.

Y sabías también que cuando relampagueaba, por la noche, el cielo se llenaba de vergajos luminosos que chasqueaban un instante sobre el cielo oscuro, salpicado de minúsculas estrellas.

—¿Qué quiere decir «relampaguea»? —preguntaste la primera vez que lo oíste.

—¿Qué quiere decir «lampuga»?

Con el tiempo, aprendiste a pescarlas.

Lo hacías desde el laúd del amo Sión, un viejo pescador que os invitaba a ir con él...

Salíais a media tarde para pescarlas al curricán, hasta primeras horas de la noche. El amo Sión y el abuelo lanzaban al agua sus aparejos más largos, con el anzuelo en el extremo, y, sujeto a él, un manojito de plumas de gallo blanco, mientras el laúd navegaba despacio y contra el viento.

Las lampugas —te explicaban—, al ver el chapoteo de las plumas, se echaban encima con glotonería y quedaban enganchadas en el anzuelo. Entonces podíais sacarlas y dejarlas retorciéndose en el fondo del laúd.

A veces la pesca era abundante; otras, escasa.

El sol se ponía lentamente.

Alguna vez veíais a las lampugas saltar fuera del agua, persiguiendo a algún pez volador o a un banco de alachas o sardinas menudas. Entonces, en la distancia, el agua pa-

recía hervir y, de pronto, una bandada gritona de gaviotas caía sobre los peces...

Al principio, cuando llegabais a puerto después de la pesca, tú venías dormido, mecido por el balanceo del laúd sobre las olas vespertinas y por el arrullo monótono del motor. Cuando llegabais al muelle, el amo Sión y el abuelo se repartían las piezas pescadas. El abuelo llevaba una espuerta de esparto trenzado. Con la espuerta llena de pescado en una mano y contigo adormilado en el otro brazo —entonces aún tenía fuerzas suficientes— te llevaba a casa y te metía en la cama, procurando no despertarte.

Llevabas los cabellos empapados de agua salada, la ropa húmeda a causa de las salpicaduras de la mar y sucia de escamas y de sangre de pez.

Él te desnudaba, te pasaba un paño húmedo para quitarte por encima la suciedad y te cubría con sábanas limpias para que siguieras durmiendo.

Alguna vez abrías los ojos durante un momento brevísimo. Veías a medias el rostro del abuelo. Oías que apagaba la luz, que entornaba lentamente la puerta y que preparaba el barreño para lavarse.

Al día siguiente, al despertar, lo encontrabas limpiando el pescado en la pila de piedra de la cocina.

—Ya verás qué comida vamos a hacer hoy. Cuando relampaguea... —decía para incitarte a que siguieras y, tú, como el pescador más experto del mundo, continuabas:

—¡Lampuga!

Y, sólo entonces, te lavabas todo el cuerpo con agua clara y un jabón suave, quitándote lo que aún te quedaba en la piel de sal marina y de la sangre y las escamas de las lampugas.

6

El amo Sión os invitaba a pescar calamares por la noche.

En aquellas ocasiones, mientras os dirigíais hacia la pesquera, cenabais unas rebanadas de pan moreno con unos trozos de arenque y, después, el amo Sión fumaba su pipa de barro.

—¿Ves esta petaca? —presumía al mostrártela—. Es de piel de foca. La mejor para guardar la vena.

—¿La vena? —preguntabas.

—El tabaco —te explicaba el abuelo—. Tabaco de vena.

Y se pinzaba la nariz con los dedos, como si quisiera evitar una peste insoportable. El amo Sión sonreía satisfecho.

—¡Toca qué piel! —te decía. Y era cierto que la piel de la petaca era muy suave entre tus dedos.

Cuando parabais el motor, el amo Sión encendía un hachón colgado en la proa del laúd.

Las teas ponían en vuestras caras una máscara de sombras enigmáticas y movedizas.

En la noche constelada, los hachones de otras barcas, cuando las había a vuestro alrededor, parecían estrellas caídas del cielo meciéndose sobre la mar. Te gustaba ver cómo las llamas se reflejaban en el agua y cómo caían del hachón las menudas y saltarinas centellas.

El amo Sión y el abuelo te decían, mientras preparaban las poteras, que los calamares subirían al ver la luz...

También a veces encendíais el hachón para pescar con la fisga los peces grandes, cegados por las llamas...

—Fíjate bien, Miguel —te decía el abuelo

en voz baja, tomando precauciones para no asustar a los peces.

Tú mirabas el agua y, en las negruras removidas por las llamas, creías adivinar las sombras asustadas de mil peces...

Una vez, ya al romper el alba, cuando volvíais de pescar los calamares, se te cayó en la mar el cubo donde habíais guardado todas las capturas. Habíais tenido suerte y las poteras habían hecho un buen trabajo. La mar salpicaba. Los ojos se te cerraban de sueño, tenías las manos ateridas de frío y la ropa empapada. El abuelo te dio el cubo de los calamares para que lo pusieras a resguardo.

—¿Podrás? —te preguntó.

—¡Dámelo! —dijiste fanfarrón mientras te levantabas para cogerlo.

Pero resbalaste en la madera mojada del laúd y el asa del cubo se escapó de tus manos, rígidas por el frío. Estuviste a punto de caer al agua...

Todavía te ríes cuando recuerdas las feroces maldiciones del amo Sión y sus patadas de rabia sobre la tabla de popa. El sol estaba ya en levante y encendía su cara.

—¡Este chico...! —murmuró el abuelo con resignación levantando los ojos al cielo.

Y cuando menos lo esperabais, el amo Sión se echó a reír a carcajadas.

—¡Ja, ja, ja! ¡Vaya chasco! ¡Esta noche tendremos que volver!

Y de un manotazo cogió de un rincón del laúd una garrafita cubierta de mimbre y echó un trago.

—¡Pero hijo mío —exclamó jocoso después de un segundo trago—, ponte guantes, por el amor de Dios!

Con las carcajadas, tanto él como el abuelo se atragantaron.

Sentados en el borde de la barca, los dos hombres se despidieron, con la mano extendida, de la fila de calamares que la corriente se llevaba mar adentro.

Tú te habrías reído también si las mandíbulas no te hubieran temblado de frío y de vergüenza.

7

El amo Sión os llevaba de vez en cuando a una gran cueva marina.

Desde lejos, la entrada de la cueva era sólo una rendija en la roca azulada, cubierta de matas de hinojo marino.

De cerca, se hacía grande de pronto, y cuando, muy despacio, entrabais en ella, sentías la emoción de estar dentro de un misterio.

Sobre todo, cuando alguna paloma bravía salía asustada del interior.

Os encontrabais de pronto bajo una gran

bóveda de piedra negruzca que, a medida que vuestros ojos se acostumbraban a la oscuridad, se iba haciendo luminosa.

La luz penetraba desde el exterior, por debajo del agua. Las rocas del fondo se volvían verdes, azules, turquesa. Cuando el amo Sión apagaba el motor del laúd oíais el rozar de los guijarros que los temporales habían amontonado en un rincón.

En la cueva, el pescador recogía lapas y erizos y os los servía crudos, con una pizca de pimienta y unas gotas de limón.

—Come —te decía con ojos reidores—, así sabrás el sabor que tiene la mar.

El abuelo te enseñó muy pronto a limpiar los erizos y a separar, con una navajita, la carne de las valvas de las lapas, aferradas fuertemente a las rocas...

—Cuando yo era un muchacho —os contaba el pescador— en esta cueva vivía una foca de más de quince palmos de largo, con la piel manchada y con un hocico como el de un perro lobo...

La voz del amo Sión sonaba imponente sobre el continuo gotear de las rocas y el rumoreo de la mar. La barca se mecía con pereza. La claridad filtrada a través del agua, os iluminaba la cara.

—Si veía una red preparada, se acercaba rápidamente para robar el pescado. La veíamos con frecuencia en el arenal, adormilada digiriendo la comida, amodorrada bajo el sol, pesada y pestilente como un gorrino...

Te imaginabas fácilmente el arenal vacío, la arena dorada, el pinar verde, el cielo limpio e interminable como la mar misma donde la foca nadaba...

—Al oír gente —recordaba el amo Sión tal vez con un poco de nostalgia—, se venía nadando hacía el interior de la cueva. Te miraba a los ojos como si fuera un ser humano...

En la botica de don Bernardo, que siempre coleccionaba rarezas, había colgada en la pared una fotografía de cuando cazaron a aquel animal: una fotografía de color sepia, descolorida y vieja. En ella, la foca aparecía muerta sobre una plataforma de madera. Unos hombres la mostraban con grandes gestos, eufóricos sin duda por la cazalla. Un

carabinero regordete levantaba en el aire la escopeta que había utilizado para matarla.

—Así fue —explicaba el amo Sión en la cueva—: un tiro y se acabó.

La imagen de la foca te fascinaba y verla muerta, rodeada de aquella gente desconocida, te daba mucha lástima.

Por eso, cada vez que el pescador acababa su relato, el abuelo adivinaba al mirarte a los ojos una larga sombra de tristeza.

—¡Venga, Sión! —decía entonces haciendo un guiño al pescador—. Vámonos que ya tengo frío y necesito el calor del sol, como tu foca.

Y antes de que el laúd saliera de la gran cueva, añadía:

—Y tú, Miguel, ponte en la proa y vigila bien, a ver si ves alguna foca en la entrada de la cueva.

Y como si estas palabras tuvieran la fuerza de un encantamiento, aguzabas la mirada desde la proa del laúd y olvidabas en un santiamén aquel leve principio de tristeza.

8

En vuestros paseos por el sendero de la costa hasta la caleta, os sentabais siempre un rato a la mitad del camino, para descansar a la sombra de un gran pino. La luz del sol hacía que la corteza de aquel árbol pareciera de plata.

Mirabas a tu alrededor y, con un profundo suspiro, deseabas secretamente que el verano no terminara nunca, porque para ti el invierno en la ciudad era muy aburrido, y no te gustaban los días nublados ni las tardes en que la oscuridad cubría temprano las calles.

Sólo las fiestas de Navidad y Reyes —con los turrones y los juguetes—, y la fiesta de San Blas —con sus ritos tradicionales, entre los que destacaba la bendición de los dulces—, te resultaban alegres.

—¡Ten cuidado, no vayas a empacharte! —te advertía siempre tu madre cuando llegaba a casa con los dulces bendecidos.

Por Pascua, desde que el cura te ponía un puñado de ceniza sobre la cabeza hasta que se celebraba la última procesión de encapuchados, tu aburrimiento era máximo y máxima tu inquietud.

—Cuéntate los pelos de la nariz —te recomendaba tu padre al verte revolotear por la casa.

Esperabas ansioso la primavera. El día en que tu padre te decía, con un gozo casi tan ingenuo y franco como el tuyo:

—¡Ya han llegado los vencejos!

En el mes de mayo, cuando las flores recién cortadas llenaban el altar de la Virgen María en la capilla de la escuela, los cuerpos sudaban después del juego.

—No ahorres el jabón, que hueles como

un cerdo —te decían en casa cuando volvías de la calle o del colegio.

Y entonces, casi enseguida, llegaba la época de los exámenes de fin de curso y, poco después, el tiempo de volver al pueblo que estaba junto al mar, a la casa del abuelo, a la habitación donde guardaba sus fósiles y sus libros.

Los primeros, los guardaba en grandes cajas verdes, con tapas correderas de cristal, ordenados cuidadosamente y en las que figuraba una etiqueta pegada donde constaba la especie, el lugar y la fecha en que fueron encontrados.

Los segundos, alineados en largos estantes cerrados con puertas de cristales.

Dentro de cada caja, y también en las estanterías, había siempre una buena provisión de bolitas de alcanfor, blancas y perfumadas, para ahuyentar a las polillas.

El abuelo, porque así se lo había prometido solemnemente a tus padres, te obligaba a estudiar todas las tardes en aquella habitación.

—Y no te distraigas —te decía con fingida severidad.

Tú no estudiabas en absoluto y, de tanto mirar los nombres de los fósiles, que te subyugaban, los recitabas de memoria:

—*Patella ferruginea. Arca barbara. Pectunculus violascens*...

También te hechizaban los títulos de los libros guardados:

—*La Atlántida, La isla del tesoro, La Odisea*...

—A ver si serás geólogo —te decía a veces el abuelo con ilusión, pero sin ninguna exigencia.

Él sólo se limitó, ahora lo comprendes y lo agradeces, a contemplar y a proteger tu infancia; a compartir contigo las ciruelas que robabas de los árboles del vecindario, a consolarte si algún niño te pegaba durante una pelea.

—Hijo mío —te decía con un punto de ironía en la voz—, si no quieres que te sacudan, aprende a correr.

9

Compartíais también el secreto de tu cementerio de objetos en la cantera abandonada.

Aún hoy, cuando escuchas el canto ensordecedor de las cigarras en un mediodía caluroso, te sorprende a veces el recuerdo de la intimidad tranquila que sentías en aquel lugar.

Y aún hoy, te parece también oír la voz del abuelo cuando te explicaba:

—Cuando yo era joven se sacaba arenisca de esta cantera...

Llegabais a ella desde la caleta por un camino entonces bordeado de zarzas, de jaras y de gamones. En las paredes de la cantera crecían higueras y pinos jóvenes. La cantera se hundía, aquí y allá, en cavidades subterráneas, profundas y oscuras. Las voces resonaban como en el interior de una gran iglesia vacía.

—Se sacaba sillares de arenisca para los tejados, para los suelos, para los tabiques... Las mulas tiraban de los carros llenos hasta la estación del tren.

Las paredes de la cantera contenían rastros de tiempos antiquísimos en cada una de sus vetas. El abuelo sabía leer en ellas los acontecimientos de su pasado geológico.

—La mar no se detiene nunca —decía ante tu atención fascinada—. Estas paredes fueron en un tiempo fondo marino y, en otro, las dunas de una playa inmensa.

Una de las cavidades más hondas te servía de cobijo. Tenías en él una gran cantidad de trofeos encontrados en la playa: erizos y caballitos de mar desecados al sol, trozos de red, unos huevos de tintorera sujetos a una rama de alga...

—Es como el cementerio del capitán Nemo —dijiste un día a tu abuelo.

Y le explicaste:

—Sólo él sabe dónde se encuentra. Lleva allí a los marineros del Nautilus cuando mueren, para enterrarlos secretamente.

—Y tú, ¿cómo lo sabes? —te había preguntado el abuelo con una leve sonrisa inquisidora, sorprendido de tus conocimientos.

—Lo he leído en un libro —contestaste con timidez.

—¿Ah, sí? ¿Cuándo?

—Pues... Pues...

No te atrevías a decir que no estudiabas nada.

—¡Ay, Miguel! —se resignó el abuelo al adivinar la respuesta y antes de estallar en carcajadas.

—¡Si en septiembre no apruebas las Ciencias Naturales, tu madre nos molerá a palos y tu padre nos arrancará la piel a tiras a los dos! ¡Ja, ja, ja!

De vez en cuando, también el abuelo aportaba algo a tu cementerio: una concha medio fosilizada; la piel seca y frágil de una serpiente, abandonada tras la muda; el cadáver de un escarabajo con sus élitros brillantes...

Un día llevó el caparazón vacío de una tortuga terrestre.

—Para que tengas algún recuerdo mío cuando yo ya no esté —dijo.

Te mostró las escamas que aquel día te parecieron manchadas con una especie de escritura perteneciente a alguna lengua exótica, indescifrable.

—Dicen que en las escamas de las tortugas, los sabios chinos leen el porvenir —te explicó como un maestro.

Y añadió enigmático:

—Si aprendes a mirarlas bien, Miguel, puede que tú también sepas leer en ellas algún día.

10

Has conservado hasta hoy, guardado en un cajón de tu escritorio, el caparazón de la tortuga, el único objeto que quisiste conservar de aquel cementerio de juguete. Sólo de tarde en tarde lo sacabas para contemplarlo y pasar los dedos, rozando los relieves de las viejas escamas acorazadas.

Nunca leíste en ellas el futuro, pero sí el pasado.

En tus manos, la concha de la tortuga ha sido siempre como un espejo.

Te has mirado en él y casi no te has reconocido: un niño con los cabellos cortos, la cara redonda, y los ojos abiertos exageradamente...

Y has visto en él al abuelo como empezaste a verlo en aquel último verano, un día de sol deslumbrante, allá en la cantera.

Porque ahora recuerdas que, de pronto, mientras el abuelo depositaba el caparazón de tortuga junto a tus otros recuerdos de la mar y del monte bajo, te vino, como el destello de un faro en medio de la noche, la conciencia de que el abuelo era viejo, muy viejo.

Y te vuelve, a veces con dolor, a veces con ternura, el recuerdo del polvo que, levantado por vuestros pasos en el sendero marino o en los vericuetos de la cantera, se depositaba siempre en vuestros rostros sudados y acababa cubriendo los pantalones negros del abuelo. Es como si, ante tus ojos, revoloteara otra vez aquel polvo caliente, ligero, blanquecino, de cada verano.

Aquel día, cuando regresabais a casa, oíste la respiración del abuelo definitivamente cansada, y tú, para que no se fatigara tanto, te detenías de vez en cuando en el camino, con cualquier excusa: para mirar de cerca una telaraña desde la que vigilaba una gran araña de colores; para hurgar con una ramita la boca de un hormiguero y hostigar a las hormigas; para estrujar entre tus manos un brote de romero y oler, después, tus palmas perfumadas como si hubieras vertido en ellas agua de colonia...

Con tantas paradas, el abuelo refunfuñaba adelantándote para ir más deprisa:

—Si te entretienes tanto, no llegaremos nunca a casa.

Has recordado hoy cómo mirabas el martillo mellado que asomaba por el bolsillo del pantalón; el pañuelo con las cuatro puntas anudadas que se ponía a veces en la cabeza para protegerse del sol y que tanta gracia te hacía; los zapatos viejos, agujereados adrede, para que no le oprimiesen los juanetes...

—¡Malditos sean! —exclamaba cuando lo comentabais entre risas.

Ya en casa, os lavasteis como siempre, con agua clara, para quitaros el polvo del camino y de la cantera, la sal y la arena de la playa.

Recuerdas cómo te impresionaron por primera vez y ya para siempre, sus brazos desnudos, magros, con la piel colgante; sus manos huesudas; sus dedos retorcidos; el viejo cuerpo tan delgado, con la piel marcada con una especie de telaraña de pliegues y de arrugas.

Las gotas de agua clara caían lentamente de su barba canosa, de varios días...

—Mírate bien, que no lleves ninguna garrapata —te recomendó como siempre, sin darse cuenta de que tú lo contemplabas con asombro quizá, de una forma impensada poco antes—. Son bichos endemoniados, se meten por todas partes y se agarran como una mala cosa.

Una vez, llevaste una aferrada en la cabeza, entre los cabellos. Querías arrancártela de un tirón porque te daba asco.

—De ninguna manera —te dijo el abuelo—. Si lo haces así, la harás pedazos y te dejará las pinzas dentro de la carne. Ven y verás.

Te llevó a la cocina y cogió un ajo. Lo partió en dos mitades y con una de ellas frotó durante un rato a la garrapata que, al fin, se desprendió como atontada de tu cabeza.

—¿Lo ves?

Y entonces tú, también casi atontado de satisfacción, miraste al abuelo con el medio ajo en una mano y la garrapata vencida en la palma de la otra.

En tu ingenuidad, creíste que era un mago.

11

Aquel último verano no escuchaste apenas las recomendaciones de tus padres mientras preparaban la ropa que ibas a llevarte al pueblo.

—Vigila que coma bien.

—¡Mamá!

—No lo pongas nervioso.

—¡Papá!

—Y, sobre todo, si le ocurre algo, dile a don Bernardo que nos llame enseguida.

—¡Uf!

El abuelo te esperaba puntualmente bajo

el gran reloj de la estación. Besaste sus mejillas mal afeitadas, tibias, blandas.

—¿Lo tienes todo?

—Sí.

—¡Pues, hala, vamos!

La alcoba que ocupabas tenía el aspecto de haber sido blanqueada recientemente. Cuando te subiste de un salto a la cama, las tablas que soportaban el colchón crujieron.

—Ten cuidado, Miguel, que la cama es muy vieja. La compré cuando la abuela y yo nos hicimos novios...

—¿Y cómo fue? —le preguntaste.

Te gustaba oír contar aquellas cosas. Cuando el abuelo y la abuela eran novios, acostumbraban a dar largos paseos por la orilla de la mar donde él recogía sus primeros fósiles. Solía decir a la muchacha:

—Las conchas petrificadas hablan. Nos cuentan cómo eran estos parajes en los tiempos antiguos.

Y ella contestaba con picardía:

—Seguro que no te dicen lo que yo te digo a veces.

Guardabas la ropa en el armario. Cuando

abrías los postigos de la ventana y un raudal de sol iluminaba la habitación, alguna cucaracha asustada corría hacia los rincones.

Tenías prisa por ir a la caleta porque por el camino encontrabas siempre abubillas, verderones y jilgueros entre los cardos resecos.

—¡Cuántos pájaros hay por aquí! —exclamabas contentísimo.

En la caleta, en el fondo del mar había arena blanca y fina. El agua era transparente como el cristal. Las paredes que la cercaban eran de roca azul. En ellas crecían plantas raquíticas a causa de las salpicaduras saladas.

Nadabas a placer. Solo. Te sentías libre allí.

Pero, aquel verano, en tu cabeza había un torbellino de pensamientos confusos.

La vejez del abuelo te despertaba una nueva ternura.

Te acudían pensamientos nuevos, extraños, que te sorprendían y te hacían daño. Tan exaltado e inquieto hasta entonces, empezaste a buscar momentos de sosiego, de intimidad y de silencio. Preferías, como nunca, la lectura tranquila en la biblioteca del abuelo.

Podría decirse que creciste aquel verano.

Sudabas de otro modo. Te sentabas de otro modo. Empezaste a sentir una rara vergüenza cuando jugabas a cosas que antes te apasionaban. Ya no te desnudabas delante del abuelo para lavarte con el agua del barreño...

A veces le contestabas con impertinencia.

El abuelo no te lo echaba en cara.

—Estás creciendo —te decía con gesto comprensivo— como una calabacera.

Y alguna vez también te corregía:

—Miguel, sujétate la lengua o tendremos que recortártela.

12

Fue en la caleta donde conociste, aquel mismo verano, a María. Sus ojos te conmovieron desde el primer momento. Eran color de cielo con irisaciones verdes. Como si hubiera en ellos secretas corrientes marinas, tallos de algas meciéndose.

Quedaste tan aturdido que tardaste en darte cuenta de que el abuelo te llamaba.

—¡Miguel!

La habías visto llegar sola por el sendero y sentarse discretamente en la arena llena de algas, de conchas, de mil cosas arrastradas por las olas...

—¡Miguel! ¿No me oyes?

Tú nadabas no demasiado lejos.

—Venga —te decía el abuelo desde la orilla, con los pantalones arremangados por encima de las rodillas, el pañuelo de nudos en la cabeza—. Es hora de irnos.

Saliste atropelladamente del agua, mirando de reojo a aquella chica. Te secaste con cuatro manotazos y, como siempre, antes de partir, el abuelo y tú respirasteis profundamente, como si quisierais tragaros una gran bocanada de aire marino y limpio.

—¡Aaaaaah! —exclamasteis a la vez.

Al oíros, María, que te miraba también de reojo, no pudo evitar reír.

Avergonzado, echaste a correr con las orejas encendidas hacia el sendero. Desde él, buscaste de nuevo los ojos que te habían deslumbrado. Desde allá arriba, porque el camino era de subida, la chica te pareció un ser marino y misterioso, aparecido de súbito en la orilla del agua.

Durante el regreso, te enganchaste en todas las zarzas. Quedaste hecho un Cristo.

—Pero, ¿qué haces, atolondrado? —te decía el abuelo, asustado al ver cómo se multiplicaban los arañazos en tus piernas, riéndose al mismo tiempo de tu aturdimiento por razones que ya sospechaba.

El boticario se rió también cuando soplabas y gimoteabas para enfriar los arañazos sobre los que te echaba unas gotitas de alcohol.

—Don Bernardo —dijo el abuelo al boticario—, échele un buen chorro que la herida es grande.

Llegó la noche y habíais acabado ya la partida de cartas que jugabais siempre En la alcoba donde tú dormías había una sola bombilla. Daba una luz pálida y vacilante. Sobre la cal de la pared montaba guardia una salamanquesa para cazar, de vez en cuando, los mosquitos que se arremolinaban alrededor de la luz.

—¡Buenas noches, abuelo! —gritaste.

Bajo la luz de aquella raquítica bombilla, leías las novelas de aventuras que el abuelo tenía en su biblioteca. Había una que te atraía especialmente y la leías una y otra vez. Hablaba de la mar; de hombres sabios y valientes; de una horrible venganza, de fabulosos animales marinos...

Entretanto, aquel monstruoso rebaño se acercaba. Habían visto las ballenas y se preparaban para atacarlas. Se podía adivinar la victoria de los cachalotes, no sólo porque estaban mejor concebidos para embestir a sus adversarios, sino porque podían permanecer mucho más tiempo debajo de las aguas sin tener que emerger a la superficie para respirar...

Cuando, cansado de leer, oprimiste el botón del interruptor de la luz en forma de pera que colgaba de la cabecera de la cama, penetró por el postigo abierto la misma oscuridad amparadora que envolvía al pueblo.

Un alcaraván vagabundo silbaba en los barbechos cercanos de tierras rojas y secas. Como siempre.

Pero aquella noche, los ojos color de cielo y de mar de María te acompañaron hasta que te rindió el sueño.

13

Leías todas las noches, hasta que los párpados se te cerraban, la historia del capitán Nemo. Te conmovía el desconsuelo secreto del personaje: un hombre dolorido, un príncipe expulsado del país que gobernaba donde unos enemigos muy poderosos habían matado a su esposa y a sus hijos y le habían robado el trono y la fortuna.

«¡La mar es mi país —gritaba Nemo al viento desde la cubierta del Nautilus—; mi mundo, la libertad!».

Navegaba por todos los océanos en un submarino prodigioso, invencible. Algunos pensaban —lo leíste hasta sabértelo de memoria— que era como un enorme monstruo, una gran serpiente marina o un narval de raza desconocida y gigantesca.

El viaje del Nautilus por debajo de la mar te subyugaba.

El abuelo te había regalado hacía tiempo unas gafas que te permitían ver a través del agua cuando nadabas. Respirabas por medio de un tubo sujeto a la goma con que te las ceñías a la cara, como una máscara.

Con aquellas gafas podías ver las medusas flotando como danzarinas casi en la superficie, las algas ondulantes, una gran diversidad de peces... Aprendías sus nombres, porque el abuelo te los enseñaba después en los dibujos de sus libros. Conocías sus refugios.

En las rocas se ocultaban las corvinas, los pulpos, incluso a veces alguna morena, con la quijada repleta de dientes, incluso algún mero joven camuflado discretamente...

Cuando nadabas sobre el fondo de arena, veías estrellas de mar y platijas...

Y entre las algas, los bancos brillantes de salpas y de lubinas...

Aquel verano te preocuparon unos extraños arrebatos de tristeza de tu abuelo, que nunca habías advertido. Muchas noches, antes de dormirte, lo oías llorar en su habitación. Nunca te dijo nada. De día seguía siendo el mismo.

Pero, de noche, os separaba sólo un delgado tabique.

Pronto supiste que en aquellos momentos de tristeza tomaba, entre sus manos temblorosas, el retrato de la esposa, la abuela que casi no recordabas.

Su llanto sordo te sobrecogía.

Respirabas cuando se dormía y oías, al fin, sus ronquidos sosegados.

Tú seguías con tu lectura. Todavía conservas aquel libro fascinante. Sus tapas son rojas, viejas; sobre ellas, el largo título escrito en letras doradas, formando medio círculo: *Veinte mil leguas de viaje submarino.*

De vez en cuando miras aún las ilustraciones que entonces te subyugaban. Te gusta detenerte en una de ellas, oscura y trágica: unos enormes pulpos retienen, con sus infinitos y descomunales tentáculos, la nave submarina...

Cuando descubrías un pulpo metido dentro de alguna rendija sumergida en el agua de la caleta, lo perseguías, ¿te acuerdas?, con una fisga de puntas oxidadas. A veces, de un certero golpe, lo capturabas, chorreando agua y tinta, las ventosas aferradas aún a la roca, la bolsa floja. Otras veces los alcanzabas sólo con las manos.

—¡Ya tenemos la comida! —reía el abuelo al verte desde la playa.

Parecía haber olvidado toda la angustia que sentía por las noches.

Sin embargo, los pulpos huían muchas veces hacia el fondo, dejando tras ellos una nube de espesa tinta, o se refugiaban dentro de alguna rendija inaccesible. Cuando esto ocurría, el abuelo decía resignado:

—¡Bueno, comeremos higos secos y currruscos de pan!

14

Cuando os encontrabais en la caleta, durante aquellos primeros días, también María se reía de tus correrías por las rocas.

Y tú la mirabas de reojo cuando ella se zambullía de pronto en la mar.

Te cautivaba su cuerpo mojado; te seducían sus cabellos oscuros y libres bajo el agua; te deslumbraba su rostro iluminado por el sol, cuando sacaba la cabeza para tomar aliento y descubrías de nuevo sus ojos marinos, claros y tiernos...

No era raro que, al mirarla con disimulo, te arañases los pies descalzos con algún saliente de las rocas. O pisaras un erizo y el pie te quedara lleno de púas, como un acerico. O, si te lanzabas a la mar, te dieras una colosal panzada.

—¡Ahhhh! —exclamabas cuando salías a la superficie, resoplando de dolor—. ¡Qué golpe!

—Don Bernardo va a tener trabajo hoy —se reía el abuelo con buen humor cuando oía tus gemidos dentro del agua o te veía saltar quejándote exageradamente de tu pie herido.

—¡Mira bien dónde metes las pezuñas, hombre!

María se reía al oíros.

Pero tú no te sentías ofendido por aquella risa.

Al contrario, te gustaba oírla y, sobre todo, compartirla porque te compensaba de las angustias nuevas que vivías...

La playa, cuando ella estaba allí, te parecía aún más luminosa y dorada. El suave movimiento de las olas, al chocar una con otra, era una caricia en la orilla. El vuelo de las gaviotas, un regalo.

Hasta entonces habías preferido la caleta solitaria. Ahora te parecía vacía si ella no estaba.

Al ver a María, sentías en el pecho una extraña euforia que te empujaba al disparate. A veces, intentabas inútilmente la caza de un confiado cormorán, con las alas extendidas en la superficie de una roca. Otras, cruzabas la caleta entera, de parte a parte, por debajo del agua, con la respiración contenida, como un pez.

En alguna ocasión, cuando todavía no hablabais, ella hacía también la travesía en una especie de reto amistoso.

—¡Esto es nadar! —decía el abuelo admirado.

Y tú pensabas que María era como una sirena nadando ligera en el agua transparente, azul turquesa, de la cala.

El abuelo te había explicado un día que las sirenas eran seres prodigiosos. Y te mostraba uno de sus libros, un bestiario con las hojas roídas por las polillas.

—Este libro es un tesoro —afirmaba—. Lo compré en una librería de viejo y me costó caro, por cierto. Pero mira qué imágenes y qué letra. Lee, lee.

Y tú leías, enredándote entre las palabras antiguas:

—«La sirena es una criatura maravillosa, mitad pez et mitad mujer. Et tiene la su voz tan dulce, que todo el que la oyere una vez cantar se aproxima a ella queriendo oírla de cerca, et plácele tanto su cántico que badalla et al fin se adormece, et cuando la sirena avista que el hombre se es dormido, se le echa encima et lo acaba».

—O sea, Miguel, que lo mata. —Y añadía irónicamente—: Por lo tanto, debes tener cuidado.

—¿Por qué me dices esto? —preguntabas como si te hubiera picado una avispa.

Cuando el abuelo recibía carta de tus padres te la leía entera. Al llegar a la despedida, decía siempre:

—Ya lo ves: están bien. Tu padre trabajando como una mula y tu madre sin sosiego. Te echan mucho de menos.

—Pues yo a ellos, no.

—Algún día los echarás de menos —te dijo el abuelo una vez.

—¿Cuándo? —quisiste saber, incrédulo.

—Lo sabrás cuando los eches de menos —te dijo sonriendo y al tiempo que te pasaba una mano por los cabellos, en una inesperada e infrecuente caricia.

15

También conservas del abuelo aquel bestiario de seres fabulosos que tantas veces te enseñó con orgullo de bibliófilo. Y la vieja cómoda de su habitación que fue la causa, según recuerdas, de que te regañara alguna vez al encontrarte hurgando en sus cajones.

Cuando esto ocurría, su voz era como la de un dios atronador; sus ojos, habitualmente tranquilos, los de un hombre airado; sus manos, una amenaza.

—¡Largo de aquí, chiquillo endemoniado! —te gritaba agriamente.

Era un mueble de madera rojiza, con las patas como garras de león.

—Caoba de Guinea —afirmaba el abuelo cuando lo contemplabas admirado—. ¡Del corazón de África!

En uno de los cajones el abuelo guardaba sus papeles: partidas de nacimiento y escrituras, viejos diplomas escolares, las cartas de la abuela de cuando eran novios... También guardaba, escondidos en lo más hondo, documentos suyos del tiempo de la guerra.

No hablaba nunca de la guerra.

Tampoco tu padre —que estuvo en ella como soldado siendo muy joven— te habló demasiado de aquella tragedia. Ni tu madre. Ni nadie. Entonces los niños crecíais sin saber nada de la guerra.

Por eso, cuando una mañana encontrasteis en la cala aquellos despojos enterrados, el abuelo te echó rápidamente de allí. Te gritó que no miraras, que no dijeras nada.

—¡Vete! ¡No mires! ¡Calla!

Vino el juez de la ciudad. Y muchos guardias civiles. Y hombres de rostros sombríos, labios apretados y mirada turbia, vigilando por las esquinas. Hubo un gran trajín de coches negros y más de una discusión violentísima entre los clientes del café. Y tanto silencio...

—¿A quién hemos encontrado? —preguntabas inútilmente.

Fueron días de evidente inquietud para los vecinos del pueblo. De complicidades tenebrosas súbitamente revividas. Y, sobre todo, de miradas de nuevo llenas de temor.

—¿Por qué estaba aquí, tan cerca de la mar? —insistías sin obtener ninguna respuesta.

De vez en cuando, el abuelo iba a la botica en busca de noticias. Pero don Bernardo y él hablaban poco y discretamente de aquel hecho. Sólo cruzaban frases breves, comentarios prudentes, murmullos disimulados.

—Al fin lo hemos encontrado —oíste decir al abuelo—. Al fin, después de tantos años.

—Quienes lo mataron —dijo don Bernardo—, ahora nos gobiernan.

Sin embargo, no captaste en aquellos momentos todo el sentido dramático de lo que habíais descubierto el abuelo y tú. Casi inmediatamente fue enterrado de nuevo entre silencios. El olvido fue obligado.

—No pienses más en ello —te ordenó el abuelo finalmente, receloso como nunca lo habías visto.

Sólo ahora puedes entender el oscuro temor en que vivía sumida la gente cuando tú eras un niño. Porque sólo cuando un hombre se hace mayor es cuando puede comprender, finalmente, el rompecabezas de todo lo vivido en la infancia.

Tuviste que contar al juez, con todo detalle, lo que había sucedido en la caleta: que estabas haciendo un hoyo en la arena cuando, de pronto, tus manos tropezaron con un montón de descarnados restos humanos.

Días antes, un fuerte temporal había revuelto la caleta. Las olas habían llegado hasta las dunas llenas de pinos y habían arrastrado la arena dejando las rocas al descubierto. La fuerza del agua había dejado al aire montones de raíces enmarañadas.

Entre ellas, en lo más profundo, tú buscabas nuevos tesoros de la mar para tu cementerio de mentira...

16

Porque era sobre todo en la playa donde encontrabas tus tesoros.

¿Recuerdas aquella mañana, cuando estabas haciendo hoyos en la arena y sacabas de ellos lombrices de mar, unos gusanos rojos como la sangre, quebradizos y largos? Los metías dentro de un cestillo y ellos se retorcían y se anudaban como cordeles vivos.

—¿Qué buscas? —dijo ella hablándote por primera vez.

Cuando levantaste la cabeza, viste sólo una silueta oscureciendo la luz del sol. Y te quedaste sin aliento. Quizá porque ella te hablaba. ¿Te acuerdas de aquel amor primerizo, vago, frágil como una brizna de hierba?

Turbado, tartamudeaste:

—Gusanos de sirena.

—¿Cómo?

—De arena... —rectificaste atropelladamente—, gusanos de arena... Mira.

Levantaste uno en el aire y, después, le mostraste el lío de gusanos amontonados dentro del cestillo. Y aprovechaste el momento para mirarla directamente a los ojos. Aquellos ojos que te encantaban y te atraían como un imán. Miraste también su rostro claro. Y su cuerpo, cubierto sólo por el bañador mojado.

—Sirven de cebo... —murmuraste; para, después, añadir—: Si quieres pescar puedes utilizar la caña de mi abuelo...

De pie los dos en el borde del agua, intentasteis pescar juntos durante un buen rato, mirándoos de reojo y esperando con paciencia que los peces picaran el anzuelo. Un sombrero de paja de ala ancha os protegía la cabeza y los hombros del ardor del sol. Recuerdas cuando ella gritó:

—¡Pican!

Su alegría era franca y contagiosa.

Tiraste rápidamente de la caña. Se tensó el hilo. El anzuelo se clavó en la boca de un pez.

—¡Uno! —gritaste alborozado.

María te rogó al ver como se agitaba en la palma de tu mano:

—Suéltalo, pobre pez.

—¿Qué dices? —protestaste—. Nos lo podemos comer. Frito está muy bueno.

—Por favor...

Los ojos de María te miraron dulcemente. Eran como dos trocitos del fondo marino iluminados por el sol al pie de un acantilado. Sentiste, y quizá sientas aún al recordarlo, el estremecimiento de una emoción hasta entonces desconocida.

En tu mano, el pez, libre ya del anzuelo, respiraba fatigosamente. Sus agallas eran rojas, vivas, palpitantes. Sus ojos parecían suplicar.

—Está bien —accediste.

Un relámpago de plata saltó de tus manos y se hundió en el mar, buscando la arena clara del fondo.

—Gracias —dijo María.

Y llevada por un impulso incontenible te besó en una mejilla. Recogió rápidamente su ropa, su toalla, su bolsa playera y se fue corriendo.

—¡Adiós! —gritó cuando ya enfilaba el sendero.

Tú, incapaz de moverte, de pie, con la caña en una mano y en la otra las escamas del pez que acababas de devolver al agua, temblabas como una hoja de álamo. Su voz, al despedirse, te volvió a la realidad.

—¿Volverás? —gritaste temeroso.

Y añadiste con una audacia de la que nunca te hubieras creído capaz:

—¡Tus ojos son como trozos de mar!

—La mar —te contestó ella sonriendo desde lejos y con la voz melosa de una sirena— vuelve siempre. ¿Es que no lo sabes?

Sentado a la sombra de un pino, el abuelo, que os observaba con disimulo, sonrió bondadosamente.

17

—¡Vamos, Miguel, entra, no te quedes en la puerta como un pasmarote! —te dijo el boticario desde detrás del mostrador.

Habías ido a ver a don Bernardo para que te curara, como siempre, alguna herida sin importancia y, al entrar en la botica te encontraste de pronto...

A María.

Como queriendo romper el silencio provocado por la sorpresa, ella empezó a decir...

—La mar siempre...

Tú continuaste:

—...vuelve —pero lo dijiste balbuceando, sólo con un hilo de voz.

Don Bernardo exclamó burlón:

—Necesitas tomar pastillas de clorato de potasa. Son muy buenas para las afecciones de garganta.

Y te alargó una cajita.

La cogiste como un autómata. Y cuando intentabas abrir la tapa se te escapó de las manos y las pastillas se esparcieron por el suelo como lentejas. El boticario no pudo contener una carcajada.

—¡Ja, ja, ja! ¡También deberías tomar algo para los nervios!

La tarde se te hizo larga. Teníais delante una jarra de limonada. La tomabais a pequeños sorbos. Tú hablabas con timidez:

—No sabía que don Bernardo tenía familia en el pueblo...

—Y no la tiene —contestó ella—. Yo vivo en la ciudad.

—Como yo, entonces.

—No te he visto nunca allí...

—La ciudad es muy grande.

—Es la primera vez —te explicó— que vengo a pasar el verano con él.

—Yo vengo todos los años. Mi abuelo vive solo y...

María te interrumpió:

—Mi tío dice que tu abuelo busca fósiles. ¿Por qué lo hace si sólo son piedras?

Tú, un poco irritado de pronto, contestaste, orgulloso de la afición de tu abuelo:

—Le gusta hacerlo desde que era joven. Dice que así aprende que el mundo no siempre ha sido igual, que la mar va y viene, y que la vida de los humanos es muy breve. Además, para que lo sepas, los fósiles no son piedras como las otras: son conchas y espinas de seres marinos muy antiguos.

María se echó a reír de pronto.

—¿Por qué te ríes? —quisiste saber casi ofendido de nuevo.

—Me río porque veo que, cuando quieres, sabes hablar.

La rebotica estaba en penumbra, con las persianas bajadas para evitar que entrara la luz excesiva y el calor sofocante de aquella hora de la tarde. Alguna que otra mosca volaba tediosa entre vosotros. No podías creer que tenías a María delante de ti. Muchas noches, antes de que te venciera el sueño, habías imaginado que vivía en el pinar o en la mar. Se lo comentaste, tímidamente, con los ojos bajos. Ella dijo sonriendo:

—¿Has oído, tío? Miguel pensaba que vivía en el pinar...

Don Bernardo se echó a reír maliciosamente.

—¡Ja, ja! ¡Te ha tomado por un mirlo!

Ella prosiguió:

—...O en la mar.

—¡Como una sirena! ¡Ja, ja, ja!

Estabas tan avergonzado que las orejas te ardían como brasas.

—¿Cómo van tus heridas? —te preguntó el abuelo irónicamente cuando volviste a casa, desganado y silencioso.

No contestaste.

El agua del barreño te pareció más fresca que nunca.

Aquella noche, el silbido del alcaraván te tuvo desvelado hasta muy tarde.

18

A partir de aquel día frecuentaste más la botica. Don Bernardo parecía satisfecho al ver que alguien entretenía a su sobrina. Y, además, porque tus visitas no eran debidas a las heridas o a las raspaduras que solías hacerte con tu habitual aturdimiento.

La botica te impresionaba.

Los armarios cubrían por completo las cuatro paredes. Los estantes de los armarios estaban abarrotados de botes que contenían diversos ingredientes. Cuando eras pequeño y el abuelo te acompañaba para que don

Bernardo te diera alguna medicina, le pedías que te leyera el nombre que cada bote tenía escrito en una etiqueta pegada con cola.

A veces era el mismo don Bernardo quien te los leía:

—*Rosmarinus officinalis*, romero; *Juniperus oxycedrus*, enebro; *Papaver somniferum*...

Y después te explicaba, con más palabras que tampoco entendías, las propiedades de aquellas substancias misteriosas:

—El romero es un remedio universal, y es bueno para todo. Los frutos del enebro son diuréticos. La *Papaver* o adormidera, como su nombre indica, sirve para hacerte dormir y, si tomas demasiada, no despiertas nunca más...

—¿Nunca más? —preguntabas sobresaltado.

—Nunca más.

En otros botes de cerámica figuraban nombres más enigmáticos aún: polvo de momia, uña de la gran bestia, cardenillo de cobre...

—Fantasías, Miguel, fantasías —sonreía don Bernardo, absorto quizá en la preparación de alguna medicina.

Os invitaba a sentaros y os rogaba que esperaseis. Tú mirabas la balanza, los pequeños morteros, los frascos de cristal, la piedra de mármol sobre la que el boticario hacía sus mezclas...

Pero lo que más te impresionaba —además de la vieja fotografía de la foca colgada en la pared— era un retablo pintado en el centro de una estantería, oscuro, cubierto por una capa de saín.

El boticario presumía de su retablo y, de vez en cuando, le guiñaba un ojo al abuelo, que sonreía bondadoso y paciente.

—Este retablo es antiquísimo —decía—. Y las dos imágenes pintadas son la de San Cosme y la de San Damián, patrones de la profesión médica y de la farmacéutica.

Ante aquellas palabras incomprensibles, te quedabas con la boca abierta. Y más aún cuando, con voz baja y confidencial, te confesaba que el retablo era en realidad la puerta de un armario secreto.

—¿Secreto? —preguntabas invariablemente, como si fuera la primera vez que oías tal confidencia.

De vez en cuando, don Bernardo lo abría para que vieras su interior. El abuelo te empujaba hasta allí y sonreía. Emocionado te mordías los labios: en todos los frasquitos guardados en el armario había, pintada, una calavera con dos largos huesos cruzados debajo y al pie, escritos a mano en una etiqueta blanca, los nombres específicos de cada sustancia: cicuta, arsénico, acónito...

—Cuidado, Miguel —exageraba don Bernardo cerrando precipitadamente el armario, tal vez con el propósito de asustarte—. Lo que hay aquí dentro es tan mortífero que sólo el hecho de leer los nombres demasiado detenidamente puede costarte la vida.

En aquellas ocasiones, salías de la botica con temblor en las piernas y el corazón latiéndote atropelladamente. Y, como buscando protección, te asías a la mano del abuelo...

—Don Bernardo es un hombre sabio —decía éste sonriendo—. Pon atención a sus palabras.

Cuando se lo contaste a María, el verano en que os conocisteis, os echasteis a reír los dos.

—¡Qué miedoso eres! —te dijo.

No contestaste, pero era cierto. En tu niñez, aquellos nombres te daban miedo y sólo te sentías seguro al sentir tu mano en la mano del abuelo.

19

Cuando llovía, el día se hacía largo, casi interminable. El cielo se oscurecía de pronto, retumbaban unos truenos aterradores, inmensos nubarrones cubrían el sol y el aire se enfriaba repentinamente.

La humedad iba penetrando dentro de las casas, se posaba en los muebles, en el suelo y en los rostros de la gente.

Si salíais a la calle, llevados por alguna necesidad, era inútil el intento de evitar las salpicaduras del agua.

Recuerdas que aquellas lluvias de verano

solían ser muy fuertes. Caía el agua a cántaros. Los patios se inundaban cada dos por tres y las calles del pueblo se convertían en una multitud de arroyos que acababan desembocando en el pequeño puerto.

Cobijado y aburrido en el portal de tu casa, te entretenías lanzando en aquellos riachuelos pequeños barcos hechos con papel, ramitas o cáscaras de almendra.

Después de la lluvia, la mar parecía sucia durante algunos días, enturbiada por el barro. Flotaban sobre las olas gran cantidad de ramas, de hojarasca y, de vez en cuando, el cuerpo hinchado y rígido de algún animal muerto, sorprendido por la violencia del agua caída: una gallina, un conejo, una oveja...

Cuando había acabado de llover, el abuelo bajaba al puerto y, desde el borde, lanzaba lienzas para pescar anguilas. Ponía, como cebo, trozos de pescado seco. El anzuelo era grande, curvado, puntiagudo. El limo que cubría el cuerpo de las anguilas, te daba asco. Las que pescabais, se retorcían dentro del cesto, se enredaban como si quisieran anudarse entre sí.

El abuelo te enseñaba que había que cogerlas con un trozo de saco para que no se resbalaran de las manos.

—Si les tapas la cabeza —te decía— no sabrán cómo salir del cesto y se quedarán quietas.

Los días de lluvia te irritaban, porque no podías salir a la calle con los amigos ni corretear por el pueblo. Cuando hacía sol, jugabais al escondite por los barbechos resecos, cubiertos de cardos, y por la marina, donde os hacíais flechas, espadas o puñales con los tallos de los gamones. No era raro que encontrarais una culebra o una tortuga. Si veíais algún perdigón, lo perseguíais hasta alcanzarlo.

Los días de lluvia, lo único que os compensaba del aburrimiento era que, al escampar, las anguilas os esperaban entre las aguas turbias.

—Quizá la lluvia nos ha lavado el alma a todos —decía siempre el abuelo cuando comentabais el color oscuro del agua. Pero tú no entendías el sentido de sus palabras.

Una tarde del último verano, María y tú

jugasteis durante horas a las siete y media en la habitación de los libros y de los fósiles, mientras la lluvia rebotaba con fuerza en el tejado y caía a chorros por los canalones.

A veces, cuando dejabais las cartas sobre la mesa, vuestras manos se rozaban sin querer y tú sentías en tus dedos la quemazón de una brasa.

—Perdona —os decíais.

En la mesa había un libro abierto. Habíais estado leyéndolo. En una de sus páginas aparecía, dibujada con tinta negra, la figura imponente y solitaria de un hombre triste.

—No pasa nada —os contestabais débilmente.

Si entonces la mirabas a los ojos, sorprendías en ellos una sonrisa acogedora y tibia.

Si entonces ella te miraba, sentía una bella, franca, silenciosa caricia.

De pie, con los brazos cruzados en la cubierta del Nautilus, el capitán Nemo escudriñaba el horizonte en alguno de los inmensos océanos del mundo.

20

Aquel verano, los paseos con el abuelo hasta la caleta se fueron espaciando. Discretamente, él buscaba excusas para no ir. Por eso, de vez en cuando, invitabas a María a acompañarte. Seguro que el abuelo había adivinado tus nuevas ilusiones.

María y tú nadabais en la playa; buscabais conchas y guijarros; os sumergíais juntos, porque ella también tenía gafas de bucear.

Con una gran bocanada de aire en los pulmones, os disponíais todos los días a llegar hasta el fondo: mirabais las conchas casi enterradas en la arena, seguíais los bancos de salpas entre las algas, os acercabais a donde había un ancla vieja, medio oculta entre los restos de alguna barca de pesca hundida, cubierta de una costra espesa y áspera... A veces os encontrabais con otros chicos y chicas en la playa. Jugabais todos juntos. Os peleabais de broma en la arena; os salpicabais dando golpes con las palmas de las manos sobre la superficie de la mar o trepabais por las rocas. Desde ellas, tú retabas a los demás a que te lanzaran a la fuerza al agua.

—¡Soy el capitán Nemo! —gritabas exaltado—. ¡Nunca conseguiréis que baje de la torre del Nautilus!

Por la noche, en tu alcoba, revivías con un estremecimiento de placer las mañanas en la playa. Y también las largas tardes de conversación con María en la botica. Sentías aún el sabor de la limonada tomada en la penumbra de la trastienda; oías el revoloteo circular y pesado de las moscas que el calor entontecía y, por unos momentos, olvidabas la vejez que habías descubierto en el cuerpo y en el comportamiento de tu abuelo.

—¿Cómo está tu abuelo, Miguel? —te preguntaba con frecuencia don Bernardo—. Parece un poco cansado...

Aquel verano te sentiste solo por primera vez. De tarde en tarde recordabas alguna conversación de tus padres.

—Cada día se le ve más viejo... —decían.

—Y más apenado.

—La muerte de mi madre fue un duro golpe para él —decía tu padre entristecido de pronto—. Desde entonces ha perdido la ilusión. ¿Cuánto tiempo hace ya?

—Cinco o seis años —contestaba la madre—. Miguel ya tiene doce, casi trece.

Pero aquella nueva sensación de soledad era soportable con la amistad, también nueva, de María.

—¿Vendrás hoy? Leeremos un poco —os invitabais uno al otro.

Leíais juntos, durante largos ratos, las extrañas y misteriosas palabras del capitán Nemo:

—«La mar es una nodriza prodigiosa, inagotable, no sólo me da de comer, sino que también me viste... Todo me viene de la mar y cualquier día, todo volverá a la mar...».

—¡Qué suerte! —exclamabas—. ¡Tener la mar entera para ti!

—¿Qué harías con ella? —te preguntaba María risueña.

—Pues... Pues...

—¿Qué harías con ella, dime...? —insistía.

—Buscaría barcos hundidos —contestabas—; tesoros, animales fabulosos, antiguas ciudades sumergidas y fósiles de los grandes peces ya desaparecidos...

—¡Uf! ¿No comprendes que no acabarías nunca?

Un día, al atardecer, te tembló la voz cuando le dijiste casi al oído para que don Bernardo no pudiera oírte desde la botica:

—La mar es tan grande que tú y yo nunca podríamos encontrarnos en ella.

María te dijo riendo que, a pesar de ello, las ballenas se encuentran, y también las focas y los peces, incluso los más pequeños y débiles.

—Seguro que todos ellos tienen voces —dijo— que los humanos no podemos oír.

—El capitán Nemo debió de oírlas alguna vez... —contestaste.

Y le acariciaste brevemente el brazo por primera vez al decir:

—Debe de haber un enorme guirigay en el fondo de la mar... ¡Imagina, además, por encima de todo, los cantos de las sirenas que engatusan a los marineros extraviados!

—¡Bobo!

21

En el talud, entre las grandes dunas, los abejarucos excavaban sus nidos, unos agujeros estrechos y profundos, abiertos en las paredes de arena.

—Algún día —te decía el abuelo cada vez que ibais—, todo esto será arenisca, como en la cantera.

—¿Cuándo? —preguntabas ansioso por ver aquella transformación.

—Tú no lo verás —afirmaba sonriendo—, porque aún tienen que pasar muchos años para que eso se produzca.

—¿Cuántos?

—Muchos.

Te explicaba que los abejarucos venían de África, que eran grandes viajeros. Y añadía que sus cortejos nupciales tenían lugar en el aire donde volaban con gran agilidad, libres en el cielo azul, como cometas de colores.

De vez en cuando los veíais capturar al vuelo abejorros, libélulas y avispas. Otras veces, se posaban en alguna rama de higuera, de almendro, o en un seto de acebuches. Entonces, el abuelo se agachaba para no ser visto y, aproximándose despacio al lugar donde se encontraban las aves, te decía en voz baja:

—¡Ven, ven y verás un prodigio!

Uno de los pájaros se acercaba a otro con cierta torpeza.

—Es el macho —te decía el abuelo en tono muy bajo, para no asustarlos.

El pájaro llevaba en el pico una de aquellas pequeñas presas y se la ofrecía al otro.

—Esa es la hembra...

Si ella aceptaba el regalo, se producía, brevísima, la cópula.

—Es la fuerza de la vida —murmuraba emocionado el abuelo.

—¿Qué?

Un día mostraste el lugar y los abejarucos a María.

—No hagas ruido y míralos atentamente —le dijiste imitando la prudencia del abuelo—, porque ahora verás un prodigio.

Al anochecer de aquel mismo día, ofreciste a María, en el momento de dejarla en el portal de la botica, la concha de una caracola erizada de púas muy frágiles; tanto, que muchas de ellas estaban despuntadas.

Era tu fósil preferido. Lo tenías siempre guardado en el fondo de un cajón, envuelto en estopa. Se lo diste.

Estabas rojo hasta las orejas de tierna vergüenza.

Eras como un abejaruco obsequioso.

Retuviste la mano conmovida que recogía vacilante tu modesto presente.

—Es una caracola muy antigua —musitaste acercando tu rostro al suyo con un nuevo, desconocido temor.

A María le temblaron ligeramente, casi

imperceptiblemente los labios cuando os besasteis con ingenuidad, apenas un roce brevísimo, porque os separasteis con rapidez, como si aquel beso impulsivo, pero inevitable, os hubiera quemado.

Le retiraste un rizo de la frente.

Os mirasteis a los ojos.

La mar que llenaba siempre sus pupilas inundó las tuyas y se esparció por todo tu pecho como por las arenas claras de una playa...

Al terminar el verano os despedisteis con la promesa de encontraros en la ciudad.

Pero nunca más volvisteis a veros.

Seguro que si ahora os encontrarais, no os reconoceríais, abejarucos perdidos en la niebla donde flotan los recuerdos de aquel verano, cuando el cielo todavía era azul para vosotros.

Los abejarucos ya no crían hoy en aquellos taludes.

Una enorme, desordenada, fea urbanización cubre la tierra arenosa donde arraigaban las higueras y los acebuches, donde el paso del tiempo redondeaba las dunas y donde hileras de vallas de piedra seca cercaban una rala dispersión de raquíticos almendros.

22

Hoy has visto que ya no hay dunas para los abejarucos.

Has vuelto al pueblo, después de muchos años.

De pie en la puerta del viejo cementerio, que ya está en desuso, has mirado a tu alrededor antes de decidirte a pisar el sendero que ha de conducirte hasta la tumba del abuelo. Tendrás que buscarla tú, porque nadie te ha sabido dar razón.

Situado sobre una pequeña loma, el cementerio es un excelente mirador sobre la mar. Los días de tempestad llegan hasta él las salpicaduras de las olas. En su interior crecen romeros y jaras: acaso buscando en él un último refugio.

Has caminado antes, para apurar las pocas horas que estarás aquí, por lo que queda del viejo sendero colgado sobre la costa: sólo algunos tramos cubiertos de escombros. Pero aún sigue allí el gran pino a cuya sombra habíais descansado tantas veces.

La mar mantiene tercamente la belleza movediza y clara que tú recordabas. Has visto nadar a los peces en el fondo, como en aquellos días lejanos. Has visto también los reflejos del sol en el agua.

Fue muy rápido. Durante el invierno que siguió al último verano.

Recuerdas que recibisteis un aviso urgente de don Bernardo, que tus padres se desplazaron angustiados al pueblo y que tú permaneciste unos días pensionado en el colegio. Volvieron cabizbajos y tristes. Al decirte que el abuelo había muerto, los tres llorasteis como Magdalenas. Vendisteis poco después la casa del abuelo. Conservasteis sólo

sus fósiles y sus libros. Y ya no volvisteis al pueblo.

Pasó el tiempo...

Has querido visitar también lo que queda de la antigua cantera. Más abandonada que nunca, siguen arraigando en ella las higueras. Has visto también un cernícalo y mirlos silbando. En los caminos de arena se percibía el leve rastro de los escarabajos, de las arañas, de los saltamontes... Quizá te ha parecido ver la huella imposible de tus pasos o de los del abuelo, de cuando los dos ibais en busca de pequeños tesoros para tu cementerio de mentira.

El cementerio del capitán Nemo.

Estás justo en el lugar donde tus padres enterraron al abuelo. Respiras profundamente. Miras la lápida que al fin has encontrado. Lees un nombre y una fecha burdamente grabados. También hay una vieja fotografía protegida por un cristal empañado y cubierto de polvo. Te acercas para limpiarlo y para ver la imagen del abuelo por última vez. Y te sorprendes cuando en el cristal ves reflejada tu cara como en un espejo, y cuando, de pronto, todos estos recuerdos infantiles te conmueven y tal vez empiezas a contártelos a ti mismo como si fueran parte de un relato entrañable...

El sendero bordeaba la costa.

El fondo de la mar era oscuro, de viejo roquedal derruido, moteado de algas...

Eres geólogo. Vives, desde hace muchos años, en el extranjero donde eres un investigador muy valorado y donde has formado una familia. Hace casi cuarenta que fuiste a estudiar a la península. Aquí no había, como ahora, universidad. Has aprovechado la celebración de un congreso en la isla donde naciste para venir hasta aquí, donde estás ahora, antes de irte definitivamente.

Sonríes al pensar en el orgullo que sentiría tu abuelo si pudiera verte. Y en el que sentirían tus padres, que vivieron contigo sus últimos años.

Sacas de tu bolsillo la vieja concha de tortuga que recogiste en casa. La dejas al pie de la lápida como prenda de gratitud infinita.

Contemplas sus escamas por última vez y sonríes de nuevo.

Porque crees ver al abuelo con su martillo, sus fósiles, sus libros, su sonrisa afable, maliciosa a veces, sus pantalones negros cubiertos de polvo, el pañuelo con las cuatro puntas anudadas...

Porque crees ver lampugas, calamares, tricornios de Guardia Civil, frascos de farmacia con aquellos nombres extraños que tanto miedo te daban de niño, focas en cuevas marinas con aguas y luces que te deslumbraban...

Porque crees ver la imagen siempre fascinante del capitán Nemo en la ilustración de un viejo libro de cubiertas rojas.

Y porque crees sentir un beso tímido y tierno, y porque crees ver aún los ojos casi marinos de una niña que te parecía, en aquel tiempo, una sirena.

Maíto Panduro

Gonzalo Moure

Ilustraciones
Fernando Martín Godoy

ALA DELTA, SERIE VERDE N.º 4. 128 págs.

Maíto es un niño gitano.
Su padre Panduro
está en la cárcel
y es analfabeto.
Para comunicarse,
se envían cartas
en un código secreto:
dibujos con montañas,
praderas, caballos...
donde expresan
sus sueños de libertad.